# GUÍA DE LECTURA

Escrita por Flore Beaugendre
Traducida por Tamara Montes Blanco

# La princesa de hielo

## de Camilla Läckberg

# Entiende fácilmente la literatura con

**ResumenExpress.com**

www.resumenexpress.com

# CAMILLA LÄCKBERG

## NOVELISTA SUECA

- **Nacida en 1974 en Fjällbacka (Suecia)**
- **Algunas de sus obras:**
  - *La princesa de hielo* (2008), novela
  - *Los gritos del pasado* (2009), novela
  - *Las huellas imborrables* (2011), novela

Camilla Läckberg es una escritora sueca nacida en 1974 en Fjällbacka, un pueblo costero de Suecia, donde sitúa la mayoría de sus obras. Es la autora de una decena de novelas policíacas que han cosechado un gran éxito, tanto en Suecia como en el extranjero. Recibió en 2006 el Premio de Literatura del Pueblo Sueco y, en Francia, en 2008, el Gran Premio de Literatura Policíaca por su novela *La princesa de hielo* (2008). El conjunto de sus obras compone un fresco de la vida en Fjällbacka y sigue a los personajes recurrentes de Erica Falck y de su pareja, el comisario Patrik Hedström. Sus novelas policíacas se distinguen especialmente por la importancia que se concede a las relaciones humanas y a la cuestión de la familia en particular.

# LA PRINCESA DE HIELO

## UNA EXTRAORDINARIA NOVELA POLICÍACA

- **Género:** novela policíaca
- **Edición de referencia:** Läckberg, Camilla. 2007. *La princesa de hielo*. Traducido por Carmen Montes Cano. Madrid: Maeva
- **Primera edición:** 2003
- **Temáticas:** suicidio, pedofilia, asesinato, hipocresía, secreto, escándalo

La novela *La princesa de hielo*, publicada en 2003 en Suecia y, después, en 2007 en España, es el primer volumen de una saga constituida por cinco obras que cuentan con los mismos personajes principales, Erica Falck y Patrik Hedström.

La novela comienza con el descubrimiento del cuerpo de Alexandra Wijkner, con las venas cortadas en su bañera helada.. Erica Falck, su amiga de la infancia, y Patrick Hedström llevan a cabo la investigación a fin de desenmascarar al asesino y resolver el misterio que rodea a la joven desde su infancia.

# RESUMEN

Escritora residente en Estocolmo, Erica Falck vuelve a Fjällbacka, su pueblo natal, para ocuparse de los asuntos de sus padres, muertos en un accidente de tráfico. Para su gran desconcierto, se entera de que su hermana, Anna, y su marido, Lucas, quieren vender la casa familiar.

## LA MUERTE DE ALEXANDRA WIJKNER

Cuando decide ir a visitar a su amiga de la infancia, Alexandra Wijkner, nadie le abre. Al entrar en la casa, extrañamente invadida por un frío glacial, descubre en la bañera el cuerpo de una mujer con las venas cortadas: se trata de Alex.

Birgit y Karl-Erik Carlgren, los padres de Alex, se niegan a creer en el suicidio de su hija. A fin de recoger información sobre ella, Erica se dirige a casa de Henrik Wijkner, el marido de la difunta: a pesar de la aparente calma de este, Erica se da cuenta de que disimula un intenso dolor. Henrik la envía a la galería de arte abstracto que Alexandra tenía con una amiga, Francine Bijoux. Esta revela a Erica que Alex tenía una relación amorosa en Fjällbacka y que no puede haberse suicidado, puesto que estaba embarazada de su amante y feliz por ello. El vago y pomposo comisario de Tanumshede, Bertil Mellberg, también es informado de que Alexandra Wijkner estaba embarazada de tres meses y que la autopsia concluye que se trata de un asesinato. Con ganas de pensar en otra cosa, Erica pasa la tarde en casa de su amigo y primer amor, Dan, ahora casado con Pernilla.

# LA INEXPLICABLE DESAPARICIÓN DE NILS LORENTZ

Durante este tiempo, Anders Nilsson, un pintor alcohólico sumido en la ruina, remueve pensamientos dolorosos. Cuando Vera, su madre, le informa de que Alexandra ha sido asesinada, se muestra visiblemente conmocionado y se dirige a un misterioso interlocutor, Jan Lorentz. En realidad, como todos terminarán por descubrir, un gran secreto lo une con Alex y con Jan Lorentz.

Durante un paseo, Erica se encuentra con Patrik Hedström, un amigo de la infancia que estuvo mucho tiempo enamorado de ella y que ahora es uno de los policías encargados de la investigación. Invita a Erica a una cena de viejos amigos. En busca de indicios, esta decide entrar en plena noche en casa de Alexandra. Mientras inspecciona la habitación de la difunta, alguien se cuela en la casa. Escondida en el armario, se da cuenta de que el visitante tiene un objeto: se trata de un artículo de periódico que data de los años setenta. Durante la cena, confía a Patrik el artículo encontrado en casa de Alexandra que relata la inexplicable desaparición de Nils Lorentz, el hijo de Nelly Lorentz, una importante rica y empleadora de la mitad de Fjällbacka, en 1977. Pero, muy rápidamente, dejan la investigación de lado para contarse sus respectivas vidas.

Durante la recepción que sigue al entierro, la triste hermana pequeña de la difunta, Julia Carlgren, se mantiene apartada. Para sorpresa de todos, Nelly Lorentz la aborda y, al poco, entablan una larga conversación. Las dos mujeres tienen algo en común: para saber qué es, Erica va a ver a la anciana, pero esta se niega a hablar, lo único que confiesa es que siente un odio feroz hacia Alexandra. Allí, Erica se encuentra también con Jan Lorentz, el hijo adoptivo de Nelly, que no parece inspirar mucho amor a su madre.

## LA DETENCIÓN DE ANDERS NILSSON

Poco después, llega el agente inmobiliario encargado de estimar el valor de la casa de los padres de Erica, acompañado de Lucas, que viene a maltratar y amenazar a la joven, poco entusiasta con la idea de la venta.

Por su lado, Patrik continúa su investigación. Intrigado por el artículo del que le ha hablado Erica, se informa sobre la familia Lorentz y la inexplicable desaparición de su hijo. Para su enorme sorpresa, Mellberg le anuncia entonces que sabe quién es el asesino de Alex: según él, se trata de Anders Nilsson. Pero Patrik no puede evitar tener la impresión de que algo va mal en la detención y decide continuar su investigación. Interroga a la anciana que vio a Anders Nilsson entrar en casa de Alexandra Wijkner el día del asesinato y volver a la misma varias veces durante la siguiente semana.

Sometido a un interrogatorio, Anders niega haber matado a Alex. Confiesa haber mantenido una relación con ella, pero afirma que él no puede ser el padre del niño que ella llevaba en su vientre. Al poco nos enteramos de que dispone de una coartada: una vecina de Anders lo vio entrar en su casa a la hora del asesinato, cuando ella estaba viendo su programa favorito. En seguida lo liberan. Erica va a buscar a Dan al puerto, donde trabaja como pescador, y le cuenta su excursión nocturna a casa de Alexandra. Pernilla los sorprende y parece estar furiosa: tal y como sabrá Erica más adelante, tiene razones para dudar de la fidelidad de su pareja.

## EL HEREDERO DE NELLY LORENTZ

Nelly Lorentz visita a Vera Nilsson para convencerla de que siga guardando un gran secreto. Pero, aunque intenta sobornarla, Vera la echa. En busca de indicios en casa de Alexandra, Erica y Patrik se dan cuenta de que el culpable pasó a verla improvisadamente y le administró un somnífero antes de matarla. Erica consigue averiguar cuál es el último número que Alex marcó antes de morir: el de Dan. El joven se derrumba y lo confiesa todo: era el amante de Alex y el padre de su hijo. Erica le aconseja que le diga todo a Pernilla y a la policía.

Para su gran sorpresa, Erica recibe la visita de Julia. Esta última le pide que le enseñe fotos de Alexandra de joven y que le cuente más sobre ella: descubre entonces que la hermana menor de Alex es la única heredera de la anciana.

Erica y Patrik pasan la tarde juntos y no tardan en sucumbir a su atracción mutua. Al día siguiente, Patrik se da cuenta repentinamente de que la vecina de Anders se ha equivocado en el día que decía haberlo visto entrar en casa: el programa que decía estar viendo no se emitía el día del asesinato.

En el mismo momento, un amigo de Anders se lo encuentra ahorcado en su domicilio. En el lugar de los hechos, Patrik se da cuenta de que el pintor ha rasgado todos sus cuadros antes de morir. Ante la ausencia de un soporte que le ayudara a alcanzar a la cuerda, la policía concluye que se trata de un asesinato.

## TERRIBLES REVELACIONES

Patrik se da cuenta de que Anders llamaba con regularidad a un mismo número, el de Jan. Cuando lo interroga, este niega haber estado en contacto con el pintor. El policía interroga entonces al asistente social a cargo de la adopción de Jan, huérfano tras un incendio que les costó la vida a sus padres. No obstante, el asistente social reconoce haber considerado la posibilidad de que Jan, desatendido por sus padres, hubiera provocado el incendio que los mató antes de ser adoptado por los Lorentz. Cuando vuelve a casa de Anders Nilsson, Patrik descubre las marcas dejadas sobre un bloc al escribir encima una carta.

Cuando Lucas vuelve a golpear a Anna y le rompe el brazo a su hijo, esta se refugia en casa de Erica con sus niños y le anuncia que ha dejado a Lucas.

Erica se entera de que el desaparecido, Nils Lorentz, era profesor de Alex cuando desapareció. Patrik va a interrogar a los padres de Alexandra que, por fin, le confían que ellos alejaron a Alexandra de Fjällbacka porque había sufrido una violación por parte de Nils Lorentz y esperaba una hija suya: Julia. Nelly Lorentz, la abuela de Julia, compró su silencio. Anders también fue víctima de estos abusos sexuales: Vera también quiso protegerlo guardando silencio.

Patrik consigue descifrar la carta encontrada en casa del difunto pintor: se trata de una carta de despedida. El joven policía se dirige entonces a casa de Vera, al comprender que esta, para evitar los rumores, maquilló el suicidio de su hijo como si fuera un asesinato. Cuando Patrik le revela que Alex estaba embarazada, Vera se rompe y confiesa haber matado a la joven porque esta última quería divulgar las atrocidades del pasado y ella deseaba evitarle este sufrimiento a su hijo. Patrik queda con Jan Lorentz a fin de resolver la desaparición de su hijo Nils. Este le revela, sin la presencia de testigos, que también sufrió abusos por parte de Nils. Para vengarse, Alexandra, Anders y él ahogaron a su torturador en un lago helado.

# ESTUDIO DE LOS PERSONAJES

## ERICA FALCK

Erica Falck es el personaje central de la novela. Esta escritora de treinta y cinco años es una reconocida biógrafa. Nunca ha estado casada y reside en Estocolmo. Se va a pasar una temporada a Fjällbacka, su pueblo natal, a fin de poner en orden los asuntos de sus padres, recientemente fallecidos.

Siempre ha sufrido la frialdad de su madre hacia ella, tan solo compensada por el afecto de su padre. Ha querido evitar este pesar a su hermana Anna, cinco años menor que ella, sobreprotegiéndola. Alexandra Wijkner fue su mejor amiga durante la infancia y Erica nunca ha olvidado su repentino distanciamiento. Es una mujer curiosa y obstinada, rasgos de carácter propios de un escritor. Está muy unida a los recuerdos y a la casa familiar. Es alta, rubia y seductora.

La protagonista de *La princesa de hielo* parece presentar similitudes con otras figuras literarias: su soltería y sus angustias románticas le hacen reivindicar una cierta proximidad con Bridget Jones. Su tendencia a interesarse por todo y a buscar indicios hace recordar a un personaje creado por Agatha Christie, el de la malévola y curiosa Miss Marple.

## PATRIK HEDSTRÖM

Igual que Erica, Patrik Hedström creció en Fjällbacka y tiene unos treinta y cinco años. Se hizo policía y se casó con Karin. Esta puso fin a su matrimonio marchándose con su amante.

Vive en una relativa soledad desde entonces y la reaparición de su amiga de la infancia reaviva los viejos sentimientos que tenía por ella. Se define progresivamente en la novela como investigador y como pareja amorosa de Erica al mismo tiempo.

Es un personaje motor en la intriga y en la investigación: es todo lo contrario al comisario Bertil Mellberg. Patrik es un joven policía idealista e ingenioso, mientras que su superior es un hombre vago y pretencioso. Patrik es curioso, intuitivo y compasivo. Es un personaje decididamente positivo y encantador.

## ALEXANDRA WIJKNER

Alexandra Carlgren creció en Fjällbacka con Erica. Fueron muy buenas amigas hasta la brusca marcha de Alexandra. Cuando tenía doce años, fue violada por Nils Lorentz y quedó embarazada. Sus padres deciden entonces alejarla, y ella da a luz a Julia, a la que su familia hace pasar por su hermana. Años más tarde, se casa con Henri Wijkner.

Alexandra es «la princesa de hielo». Es un personaje importante dentro de la novela, puesto que es el centro del misterio. Su repentina muerte es lo que invita a los protagonistas a revisitar el pasado y a intentar descubrir los secretos de su existencia. Solo se la describe a través de la voz de otros personajes. Es rubia y muy guapa, en oposición a su hermana Julia, morena y fea.

## ANDERS NILSSON

Anders Nilsson es el hijo de Vera, empleada doméstica, y de su marido, un pescador que murió antes de que él naciera. Creció en Fjällbacka, a la vez que Alexandra. De niño lleva una vida apacible hasta que él también se convierte en víctima de una violación por parte de Nils Lorentz. Esta experiencia lo acerca a Alex. Los dos se vengan de su torturador, pero quedan traumatizados por la agresión y el silencio que se les ha impuesto. Tras este episodio, Anders se hunde progresivamente en el alcoholismo, para gran desesperación de su madre. Después de la muerte de su amiga de la infancia, convertida en su amante ocasional, elige suicidarse.

Anders Nilsson es conocido en el pueblo como un alcohólico que no sirve para nada. Su existencia está carcomida por su doloroso pasado. Solo su pintura revela su talento: pinta obras magníficas y luminosas en las que expresa su concepción de la belleza del mundo.

# CLAVES DE LECTURA

## EL DOMINIO DE LAS REGLAS DE LA NOVELA POLICIACA

Sin lugar a dudas, el éxito de *La princesa de hielo* reside en parte en su domino de los códigos de la novela policíaca. La autora consigue reunir todos los buenos ingredientes tradicionales del género:

- el primero de estos elementos es, desde luego, la estructura totalmente clásica de la obra. Un primer asesinato sirve como detonador de la historia. La novela relata desde ese momento las indagaciones que se realizan a fin de llevar al lector al descubrimiento del asesino y de su móvil. La investigación está plagada de obstáculos y de cambios de situación para de crear suspense. Es habitual que una segunda muerte surja antes de la conclusión —en este caso, la de Anders Nilsson. La autora utiliza también un procedimiento muy clásico que consiste en que las revelaciones al lector difieran de una información descubierta por los investigadores. Nos enteramos, por ejemplo, de que el comisario Mellberg piensa haber arrestado al asesino, pero la historia marca una pausa antes de comunicar su nombre: «¡Ya lo tengo! ¡Tengo al asesino de Alex Wijkner! [...] Patrik suspiró mentalmente y se preparó para una larga espera» (Läckberg 2007, 117). Esta espera refuerza el interés del lector;
- asimismo, Camilla Läckberg presenta a los personajes estereotipados de la novela policíaca. Entre ellos se encuentra la víctima (Alexandra Wijkner), muerta antes del

comienzo de la obra, pero que oculta numerosos secretos. Los policías encargados de investigar su muerte son tanto o más representativos del género: uno es un funcionario obtuso de métodos abrutados (Bertil Mellberg), el otro es un joven idealista dinámico (Patrik Hedström). Un ayudante (Erica Falck) coopera con sus iniciativas: se trata de un personaje que no está encargado de la investigación oficialmente, pero que consigue aportar elementos novedosos. También destaca la presencia del falso culpable, el que tiene la forma del culpable perfecto (Anders Nilsson), y, por último, la aparición del asesino inesperado, un personaje que a priori parecía inofensivo y para nada sospechoso (Vera Nilsson);

- asimismo, en la novela de Camilla Läckberg encontramos el entrelazamiento de tramas propio de la novela policíaca. El primero de ellos es, por supuesto, la trama policial. Alrededor de este argumento fundamental gravitan las otras historias secundarias. Se construye una trama sentimental a lo largo del texto: Erica y Patrik sucumben a un amor inevitable. La historia se acompaña igualmente de una trama familia: Erica remueve los recuerdos de las relaciones conflictivas con su madre e intenta ayudar a su hermana Anna, víctima de maltrato conyugal. Esta acumulación de tramas paralelas permite conservar la atención del lector y variar su interés: permiten hacer una pausa en la investigación incluso variando los registros.

## LA IMPORTANCIA OTORGADA A LOS PERSONAJES

La novela de Camilla Läckberg pone en escena una multitud

de personajes, tanto principales como secundarios. Cada uno de ellos tiene un papel preciso en la trama y permite que esta progrese. El personaje de Dan, por ejemplo, resulta ser de una importancia mucho mayor para la investigación que la que el lector podía esperar, igual que el de Vera Nilsson. Otros, tales como Henri Wijkner o Francine Bijoux, ayudan a identificar a la misteriosa Alexandra Wijkner. Así, los personajes secundarios son esenciales en *La princesa de hielo*. La autora ilustra este procedimiento con su uso de Eilert Berg: el anciano malhumorado que abre la historia y que no reaparece hasta el final, cuando consigue escapar de su vida cotidiana: «Por un instante pensó en Svea. Después desechó aquel desagradable recuerdo y cerró los ojos, dispuesto a disfrutar de una merecida siesta» (Läckberg 2007, 367). Esta presencia cíclica muestra claramente el cariño de la autora a los personajes secundarios y se convierte en un guiño al lector.

A Camilla Läckberg le gusta confeccionar retratos psicológicos complejos y coherentes de sus personajes. Citemos por ejemplo al cuarteto mayor de la intriga. Se trata de cuatro jóvenes de la misma edad que se conocen desde la infancia: Erica, Patrik, Anders y Alexandra. Su pasado común desempeña un papel esencial, puesto que esconde un gran número de misterios y ocultamientos en el origen del crimen en el que se fundamenta la novela. La alternancia de puntos de vista internos permite bucear por sus pensamientos y su pasado: «Estaba cansada. [...] Cansada de su triste existencia. [...] Cansada de cargar con una culpa que la abatía día tras día» (Läckberg 2007, 123). El lector pasa así en cada cambio de párrafo por la piel de un nuevo personaje y se familiariza con su personalidad y su concepción de las cosas de forma profunda.

La mayor parte del tiempo, la focalización se centra en Erica o Patrik, el dúo actancial de la novela. Estos dos personajes se desmarcan progresivamente de los otros como pareja y equipo: su colaboración permite avanzar en la investigación y, de forma más general, en la trama. Su carácter, su pasado y su personalidad son abundantemente descritos al lector: para Camilla Läckberg, se trata de formar un tándem interesante, en la línea de Tommy y Tuppence Beresford de Agatha Christie o, más recientemente, de la pareja que forman Mikael Blomkvist y Lisbeth Salander, creada por Stieg Larsson.

## EL RETRATO DE UN PUEBLECITO SUECO

La trama de *La princesa de hielo* se desarrolla en un pequeño pueblo costero, principalmente constituido por pescadores. La elección de una comunidad reducida permite una inmersión en el día a día y la intimidad de los personajes. Todos se conocen desde hace tiempo y los personajes principales han crecido juntos: esta familiaridad da pie a cotilleos y rumores. Asimismo, esta proximidad es el origen del asesinato: se comete con el fin de evitar la inevitable proliferación de calumnias. En la novela, a excepción de la historia secundaria de Anna y su marido, toda la trama se desarrolla en el corazón del pueblo. El lector se ve sumergido en un auténtico hervidero. Todos los acontecimientos están relacionados con la historia del pequeño pueblo y sus habitantes: no parece que haya nada más allá de Fjällbacka.

En varias ocasiones, la calma del pueblecito se opone a las grandes aglomeraciones, como Gotemburgo o Estocolmo, con el fin de subrayar su tranquilidad y su encanto. El comisario Mellberg ha sido enviado ahí a modo de degradación a causa de un error policial que cometió. Pero la rutina se ve alterada y la novela revela progresivamente que, a pesar de las apariencias, la realidad es tan violenta como en la capital. El ambiente pesado y angustiante que reina entonces se corresponde absolutamente con las exigencias de la novela policíaca. Los ocultamientos y resentimientos están por todas partes y los personajes los van expresando por turnos: «Nelly se llevó la mano a la boca. Además de que parecía haber olvidado por un instante que hablaba de una difunta, acababa de descubrir una grieta en el muro de que se rodeaba. Y lo que Erica vio durante ese instante fue el más puro odio» (Läckberg 2007, 101).

Fjällbacka es un teatro de acontecimientos sórdidos: se comete un asesinato disfrazado de suicido, y al poco lo sucede un suicidio disfrazado de asesinato, y veinte años atrás se perpetraron violaciones silenciadas desde el principio. La historia ofrece un dibujo de los comportamientos bastante exhaustivo: encontramos engaños, conflictos familiares, adulterios, etc. A este cuadro negro se le añaden los problemas clásicos que encontramos en la sociedad: soledad, problemas económicos, explotación, alcoholismo, etc. El pequeño pueblo no escatima en nada. Fjällbacka es el reflejo a pequeña escala de todos los problemas encontrados en la sociedad. Un contexto como este da lugar inevitablemente al pleno desarrollo de una trama policial: se alude a todos los sombríos aspectos del alma humana, los cuales se acentúan con la apariencia idílica del pueblo. Camilla Läckberg presenta aquí una visión muy oscura de la sociedad sueca.

# PISTAS PARA LA REFLEXIÓN

## ALGUNAS PREGUNTAS PARA PROFUNDIZAR EN SU REFLEXIÓN...

- Mencione los diferentes procedimientos utilizados por la autora con el fin de introducir un cierto suspense.
- La novela rebosa de clichés de la novela policíaca. ¿Cuáles son?
- ¿En qué podemos percibir una mezcla de géneros en esta novela?
- En *La princesa de hielo*, Erica hace alusión a Bridget Jones, el personaje creado por Helen Fielding. Mencione las similitudes entre ambas protagonistas.
- Es inevitable comparar la obra de Camilla Läckberg con la saga de Stieg Larsson. Según usted, ¿qué puntos tienen en común estos dos escritores?
- ¿Cómo abre el camino hacia una saga esta primera novela?
- En su opinión, ¿por qué multiplica Camilla Läckberg los personajes?

*¡Su opinión nos interesa!*
*¡Deje un comentario en la página web de su librería en línea,*
*y comparta sus favoritos en las redes sociales!*

# PARA IR MÁS ALLÁ

## EDICIÓN DE REFERENCIA

- Läckberg, Camilla. 2007. *La princesa de hielo*. Traducido por Carmen Montes Cano. Madrid: Maeva.